RUMAN

Dictionnaire Visuel Français

Auteur: Majeda Hourani

Illustré par: Abdullah Qawariq

Traducteur: Ilham Skenazene

Edité par: Dima Hourani

Relecture et rectification: Hind Washaha

RUMAN
Dictionnaire Visuel Français

Copyright © RumanLLC

Tous droits réservés Sans limiter les droits sous copyright réservés ci-dessus, aucune partie de cette publication ne peut être reproduite, stockée ou introduite dans un système d'extraction, ou transmis, sous quelque forme que ce soit ou par tout moyen (électronique, mécanique, photocopie, enregistrement ou autre), sans l'autorisation écrite préalable des deux titulaire du droit d'auteur

ISBN 978-1-7354209-4-3

جميع الحقوق محفوظة لشركة رمان

لا يجوز طباعة أو ترجمة أو نقل أي أجزاء منه بأي شكل من الأشكال إلا بإذن خطي مسبق من الناشر

الطبعة الأولى 2021

Editeur: Ruman LLC
E-mail: rumanllc@gmail.com
Website: www.ruman-llc.com

À propos du dictionnaire d'images Ruman français

L'enseignement du vocabulaire en contexte s'est avéré être une méthode incroyablement efficace pour renforcer la mémorisation. Par conséquent, Ruman présente son premier dictionnaire français d'images en suivant cette méthode.

Le dictionnaire français Ruman d'images est une collection dépliante de vingt-deux superbes affiches ciblant différents sujets liés à notre vie quotidienne. Chaque affiche est entourée de trente-cinq noms et de cinq à dix verbes chacun représentés par un dessin unique. Cette fonctionnalité permet la visualisation de tous les mots de vocabulaire sans qu'il soit nécessaire d'inclure une traduction.

Ce dictionnaire coloré et très visuel présente aux débutants plus de 1550 mots de vocabulaire clés de la langue française. Les affiches se concentrent sur des scènes familières aux enfants, telles que la vie à la maison, la salle de classe, la vie en ville, les formes de base, les antonymes et les animaux. Les apprenants seront amenés à revoir ces représentations détaillées des scènes, améliorant à chaque fois leur mémoire. De plus, ce dictionnaire comporte des personnages principaux qui seront suivis tout au long des affiches permettant aux apprenants de s'y connecter.

Ce dictionnaire est également très engagé sur le plan social car il transmet à dessein des messages positifs liés aux droits des enfants, à la diversité ethnique, à l'inclusion des enfants handicapés, au bien-être des animaux et à l'égalité des sexes. Ruman pense que ces messages d'inclusion et de diversité reflètent les fondements de la culture et de la société que nous voulons enseigner à nos enfants.

Le dictionnaire d'images Ruman français est principalement destiné à être une ressource pédagogique pour aider les élèves du primaire à consolider et à élargir leur vocabulaire. Cependant, il peut également être utilisé comme ressource d'apprentissage personnelle à la maison. Chaque dictionnaire peut être accompagné d'un ensemble de cartes d'apprentissage développées afin de garder cette ressource passionnante et intéressante pour les enfants.

Le Contenu du Dictionnaire

L'arbre généalogique 6

La classe 8

L' école 10

La routine quotidienne 12

Les fruits et les légumes 14

La nourriture et les boissons 16

Le corps et l'apparence 18

Les sentiments 20

Les vêtements 22

La maison 24

La cuisine et le jardin 26

	Les passe-temps	**28**
	Les professions	**30**
	Les saisons et La météo	**32**
	Les moyens de transport et le voyage	**34**
	La ville	**36**
	La ferme	**38**
	Les animaux sauvages	**40**
	Les antonymes	**42**
1-2-3	**Les nombres**	**44**
	L'heure	**46**
	Les couleurs et les formes	**48**

L'arbre généalogique

La classe

 L'horloge murale

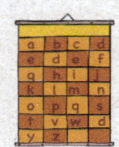 Les nombres

L'alphabet

Le placard

 Le tableau intéractif

Un élève   Une élève

 La règle

 Les feuilles

 L'étagère

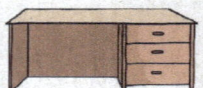 Le bureau

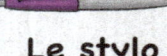 Le stylo

 Le crayon

 Les jours de la semaine

 Le sac à dos

 La table

 La colle

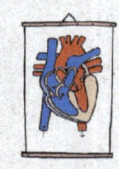 Le tableau

 le cahier

8

Le taille-crayon La gomme 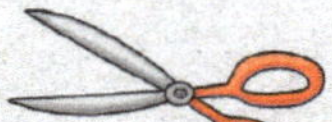 Les ciseaux La trousse La carte

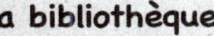
La bibliothèque

La professeure

Le tableau blanc

Le livre

Les couleurs

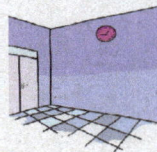
Le mur

L'ordinateur

Les jouets

L'histoire  Le classeur La chaise avec tablette. La chaise La corbeille La fenêtre

9

L'école

 La classe de langues

 La classe d'histoire et de géographie

 L'infirmerie

 La classe de physique

 La classe de maths

 La classe de sciences

 La bibliothèque

 La scène

 La classe de musique

 La classe d'art

 Le laboratoire d'informatique

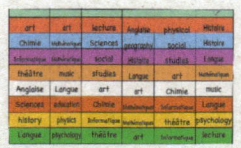 L'emploi du temps

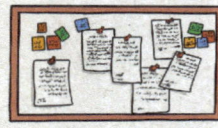 Le tableau d'affichage

 Le passage piéton

 Le bureau du principal
 La cafétéria
 Les casiers d'étudiants
 Le laboratoire
 Le parking
 Les parents/La famille
 Le cuisinier
 L'infirmière
 Le principal
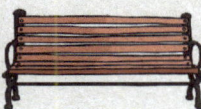 Le banc
 Le bus d'école
 La cour de récréation
 Les toilettes
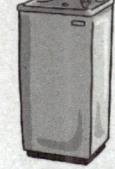 Le distributeur d'eau

La routine quotidienne

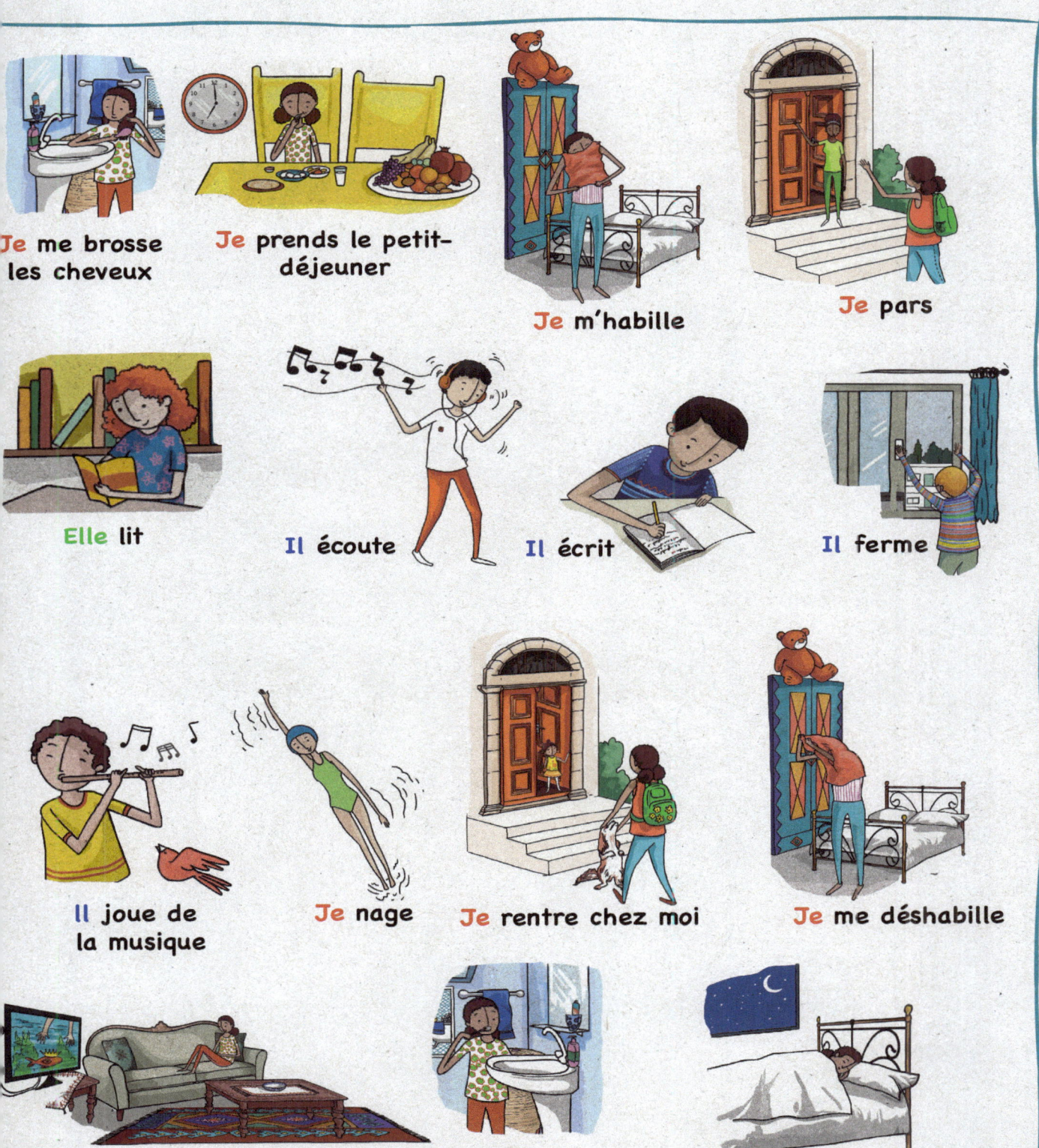

Les fruits et les légumes

Le haricot   La courgette   L'ail    Le bro...

Le concombre

Le citron

La pomme de terre (patate)

Le kiwi

La noix de coco

Le maïs

La mangue

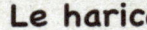 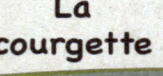

Les légumes frais   L'entrée

Les fraises    Les carottes   La cerise   La figue   La pomme   L'abricot

 Le piment
 Le radis 
Le chou 
 Les petits pois
 Le céleri
 La laitue
Le persil

Les fruits frais

La sortie

 La betterave

 L'aubergine

 La tomate

 L'oignon

 L'orange

 La grenade

 Le melon

 Le raisin
 La pêche
 L'ananas
 L'avocat
 La pastèque
 La banane

15

La nourriture et les boissons

 Le poulet

 L'huile

 L'huile d'olive

 Le miel

 Les canettes de soda

 Le poisson

 La viande

 Les saucisses

 Le pain

 Le pain pita

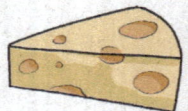 Le fromage

 Le beurre

 Les patisseries

 La pizza

 Le biscuit

 Le chocolat

 Les pois chiche

 Les oeufs

 Le lait

 Les épices
 Les fèves
 La sauce tomate
 La confiture
 Les boîtes de conserve
 L'eau
 Le jus 
 Le sel
 La sucette
 Le gâteau
 Le thé
 Le café
 Les lentilles
 Le riz
 Le petit lait
 Les chips
 Le sucre
 Les pâtes
 Les noix

Le corps et l'apparence

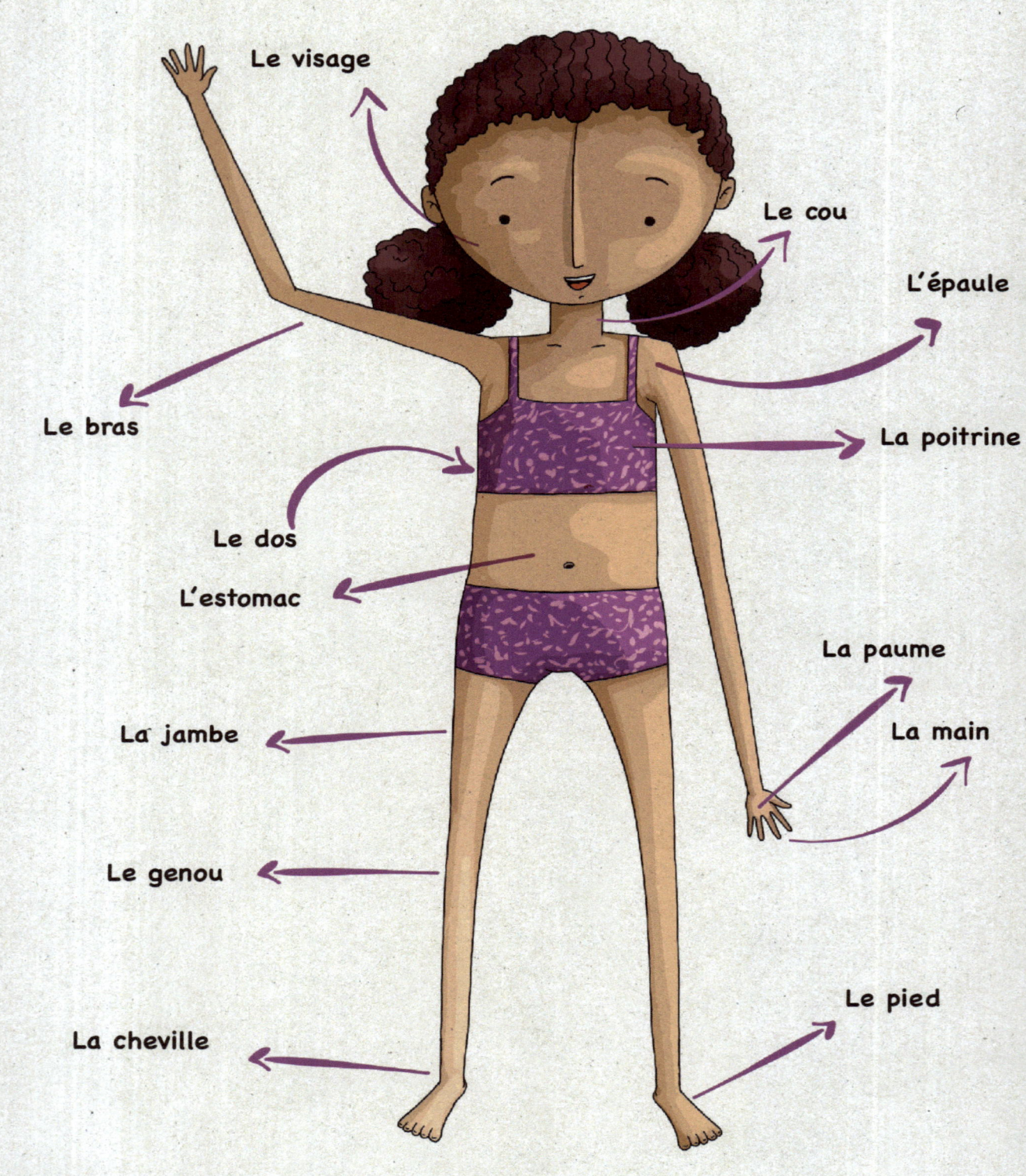

Les sentiments

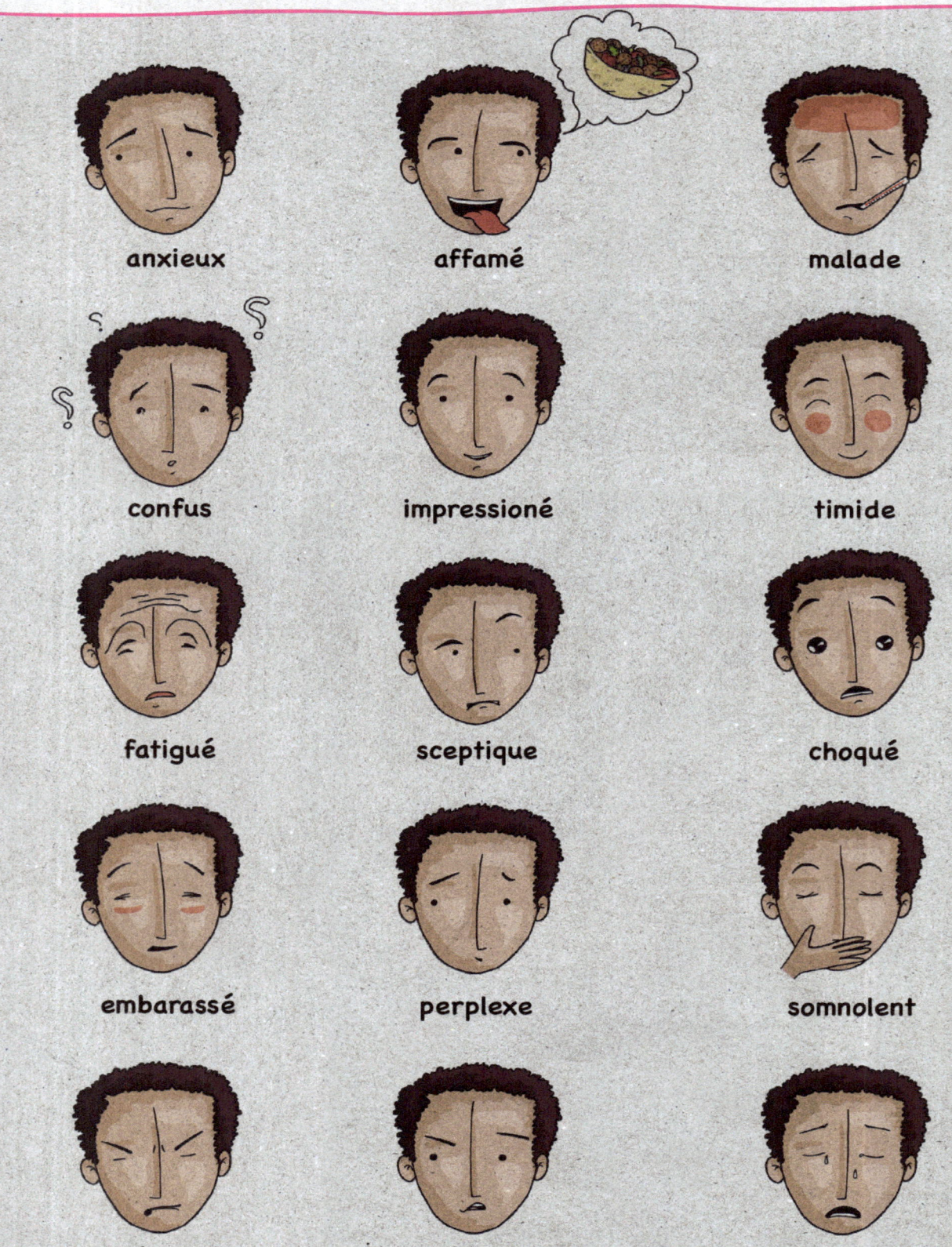

effrayé

Triste

heureux

fâché

frileux

surpris

fier

frustré

ennuyé

détendu

déprimé

excité

riant

enthousiaste

nerveux

Les vêtements

 Les baskets
 Les bottes
 Les chaussures à hauts talons
Les tongues
Les chaussures
Les sandales

 Le maillot de bain

 Le pull

 La chemise

 Le tee-shirt

 La veste

 La jupe

 La cravate

Les vêtements pour femmes

Les vêtements pour le sport

 Le peignoir
 Le manteau
 Le pyjamas
 Le jean
 Le short

 Les chaussons
 Les gants
 La ceinture
Le parfum
 La montre
 Les lunettes de soleil
La casquette

Les vêtements pour hommes

 Le tricot de peau

 Le slip

 La robe

 Le chemisier

Les vêtements pour enfants

 Le manteau

 L'écharpe

 Le costume
 Le sac
 Les boucles d'oreilles
La bague
 Le collier
Le porte-monnaie
 Les chaussettes

La maison

 Le rideau

 Le canapé

Le coussin

L'oreiller

 Le papier toilette

 La porte

 L'armoire

 Le tapis

 Le balcon

 La fenêtre

Le bureau

La chambre à coucher

Le garage

La salle de bains

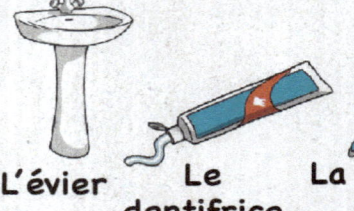

L'évier

Le dentifrice

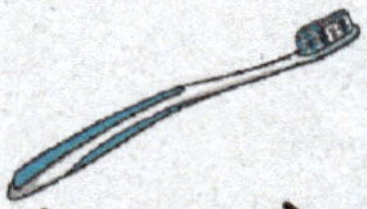

La brosse à dents

 La serviette

 L'escalier

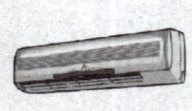 Le climatiseur

 Le robinet

 Le tableau de peinture
 La lampe
Le ventilateur
 Le gant de crin
 Le peigne
La douche
Le porte-clés mural

 Le cintre
 La table basse
 La télévision
 La couette
 Le cadre
 Les toilettes
 Le savon

Le studio

La chambre d'enfant

Le salon

L'entrée

La balance
Le panier à linge
 Le lit
 Le miroir
 Le shampoing
 La baignoire

La cuisine et le jardin

 L'arbre

 Le mur

Le tuyau d'arrosage

 Le détergent de vaisselle

 L'herbe

 Les fleurs du bassin

 La fontaine

 L'arrosoir

 L'ouvre-boite

 Le pot

 L'aspirateur

 Le balai

 La théière

 La bouilloire

 La tasse

Le plat

 Le gant

 Le bol

Le tamis

Les passe-temps

Les professions

Les saisons et La météo

Les feuilles    Les papillons

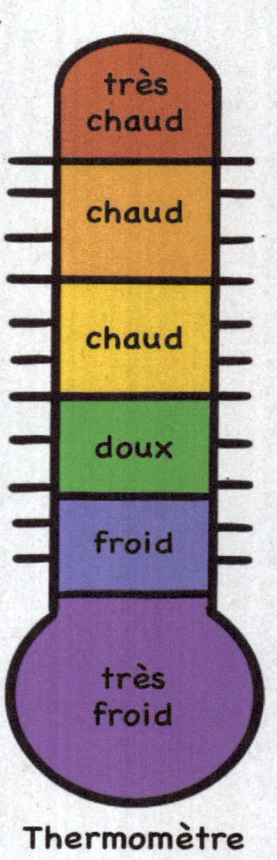

très chaud
chaud
chaud
doux
froid
très froid

Thermomètre

Les fleurs

Le brouillard

Vent/venteux

nuageux

partiellement nuageux

Les nuages

Le soleil/ensoleillé

L'été

printemps

orage/orageux

Les éclairs

La pluie/l'averse

La neige

La cheminée

Le parapluie

La pluie fine

Les moyens de transport et le voyage

 La montgolfière

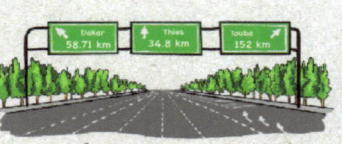 L'autoroute

 La rue

 Le passager

 L'arrêt de bus

 L'avion

 L'hélicoptère

 Le train

 Les rails

 Le taxi

 La voiture

 Le camion

 Le trottoir

 Le passage piéton

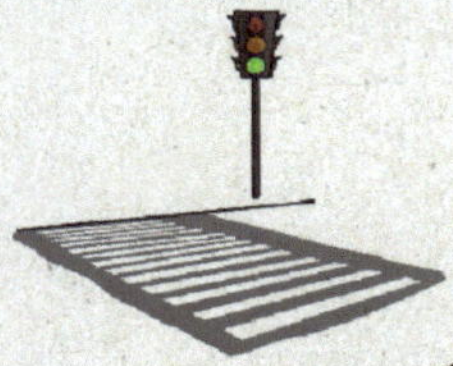

 La bicyclette

 La moto

 Le billet

 Le passeport

 Le sous-marin

 La barque

 Le paquebot

 Le voilier

 L'ambulance

 L'autobus

 La fusée

35

La ville

La ferme

La paille

L'écurie

Le tracteur

L'épouvantail

La vache

Le taureau

Le chameau

Le cheval

L'âne

Le mouton

La chèvre

Le chat

La pou

 Les semences
 Le papillon
 Le pigeon
 L'oiseau
 Le paon
 La fourmi
 L'abeille
 La mouche
 L'araignée
 Le poussin
 Le lapin
 Le coq
 Le canard
 Le chien
 Le hérisson
 La souris

39

Les animaux sauvages

 Le requin

 Le poisson

 Le zèbre

 La baleine

 L'autruche

 L'eléphant

 Le cerf

 La giraffe

 Le hibou

 Le perroquet

 Le faucon

 La huppe

 Le kangourou
 La grenouille
 La chauve-souris
 Le crocodile
 La tortue

 Le guépard
 Le tigre
 La lionne
 Le lion
 L'ours
 Le rhinocéros
 Le serpent

 Le renard
 Le singe
 Le gorille
 Le paon

Les antonymes

vieux
nouveau

En haut
En bas

loin
proche

chaud
froid

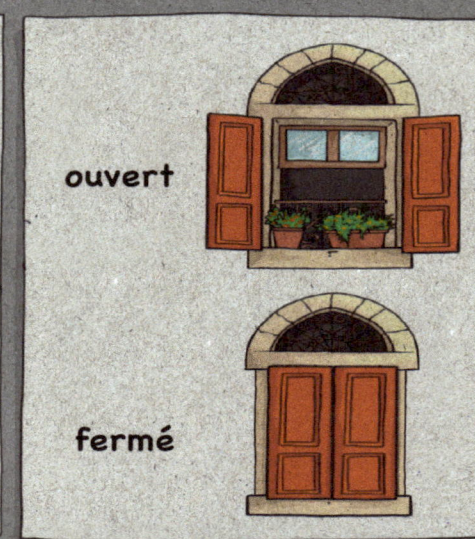
ouvert
fermé

dehors
dedans
entre

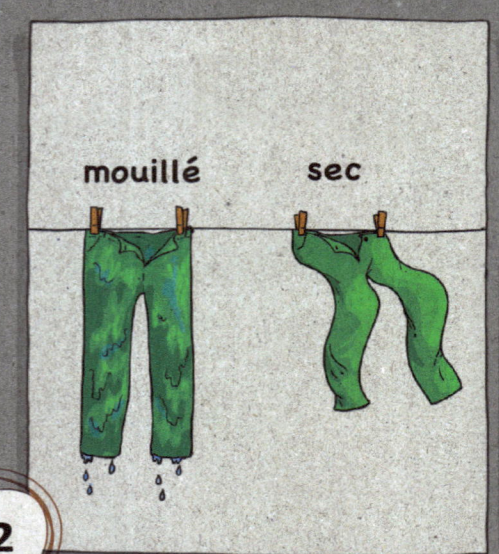
mouillé
sec

étroit
large

lourd
léger

Les nombres

⭐ **Nombres** De 0 à 10 :

0 zéro	1 un
2 deux	3 trois	4 quatre
5 cinq	6 six	7 sept
8 huit	9 neuf	10 dix

⭐ **Nombres ordinaux :**

premier — deuxième ou second — troisième — quatrième — cinquième — sixième — septième — huitième — neuvième — dixième

Nombres De 11 à 100:

11 onze	12 douze	13 treize	14 quatorze	15 quinze	16 seize	17 dix-sept	18 dix-huit	19 dix-neuf	20 vingt
21 vingt et un	22 vingt-deux	23 vingt-trois	24 vingt-quatre	25 vingt-cinq	26 vingt-six	27 vingt-sept	28 vingt-huit	29 vingt-neuf	30 trente
31 trente et un	32 trente-deux	33 trente-trois	34 trente-quatre	35 trente-cinq	36 trente-six	37 trente-sept	38 trente-huit	39 trente-neuf	40 quarante
41 quarante et un	42 quarante-deux	43 quarante-trois	44 quarante-quatre	45 quarante-cinq	46 quarante-six	47 quarante-sept	48 quarante-huit	49 quarante-neuf	50 cinquante
51 cinquante et un	52 cinquante-deux	53 cinquante-trois	54 cinquante-quatre	55 cinquante-cinq	56 cinquante-six	57 cinquante-sept	58 cinquante-huit	59 cinquante-neuf	60 soixante
61 soixante et un	62 soixante-deux	63 soixante-trois	64 soixante-quatre	65 soixante-cinq	66 soixante-six	67 soixante-sept	68 soixante-huit	69 soixante-neuf	70 soixante-dix
71 soixante et onze	72 soixante-douze	73 soixante-treize	74 soixante-quatorze	75 soixante-quinze	76 soixante-seize	77 soixante-dix-sept	78 soixante-dix-huit	79 soixante-dix-neuf	80 quatre vingts
81 quatre vingt-un	82 quatre vingt-deux	83 quatre vingt-trois	84 quatre vingt-quatre	85 quatre vingt-cinq	86 quatre vingt-six	87 quatre vingt-sept	88 quatre vingt-huit	89 quatre vingt-neuf	90 quatre vingt-dix
91 quatre vingt-onze	92 quatre vingt-douze	93 quatre vingt-treize	94 quatre vingt-quatorze	95 quatre vingt-quinze	96 quatre vingt-seize	97 quatre vingt-dix-sept	98 quatre vingt-dix-huit	99 quatre vingt-dix-neuf	100 Cent

Mille	→	1000
Million	→	1,000,000
Milliard	→	1,000,000,000
Trillion	→	1,000,000,000,000

L'heure

★ l'heure du jour

| La nuit | L'aube | Le matin | Le midi | L'après-midi | Le soir | La nuit |

★ Unités de temps

jour 24:00:00   heure 01:00:00   minute 00:01:00   seconde 00:00:01

Semaine

dimanche — lundi — mardi — mercredi — jeudi — vendredi — samedi

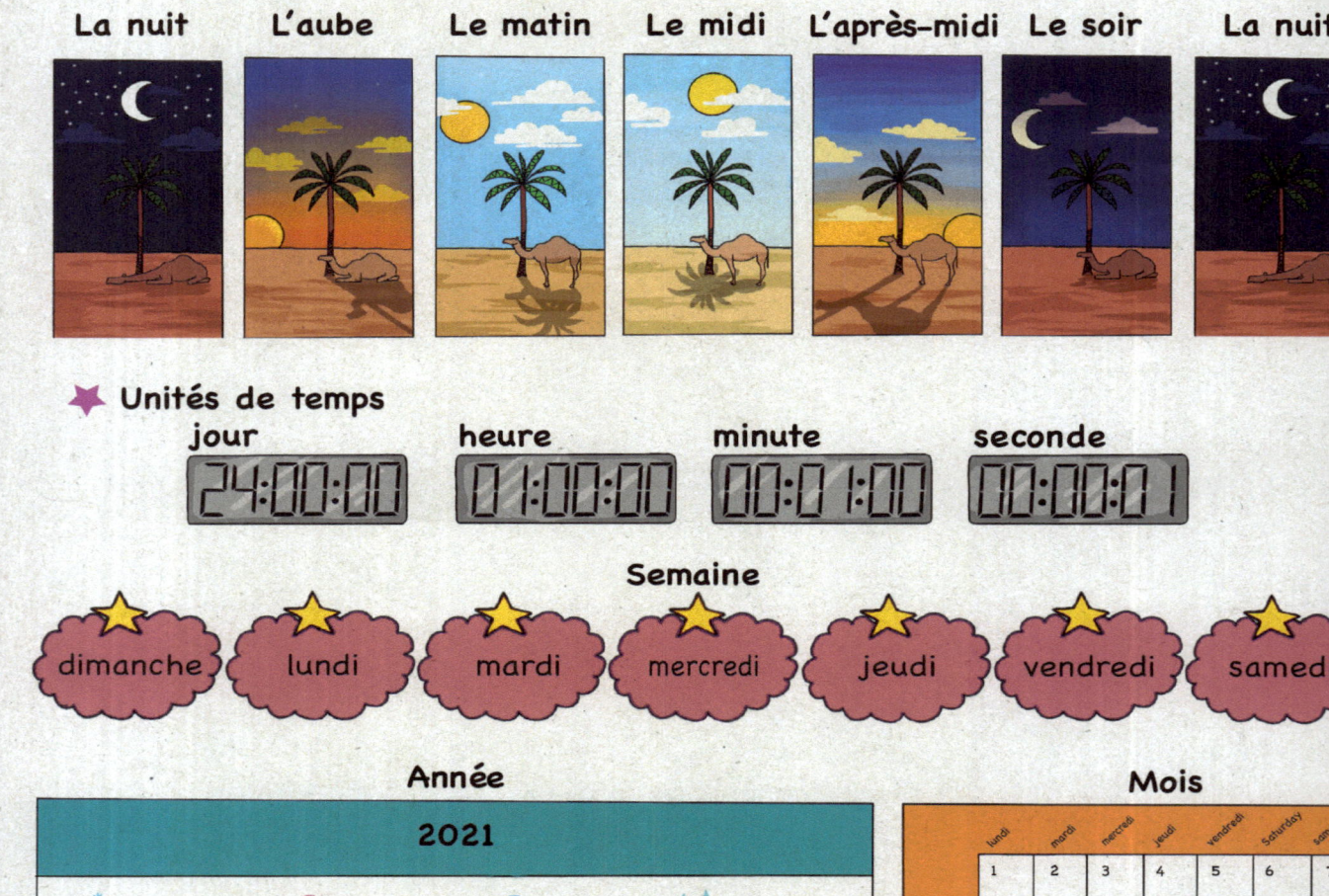

⭐ Quelle heure est-il?

| Une heure | Deux heures | Trois heures | Quatre heures |

| Cinq heures | Six heures | Sept heures | Huit heures |

| Neuf heures | Dix heures | Onze heures | Douze heures |

⭐ Lire l'heure

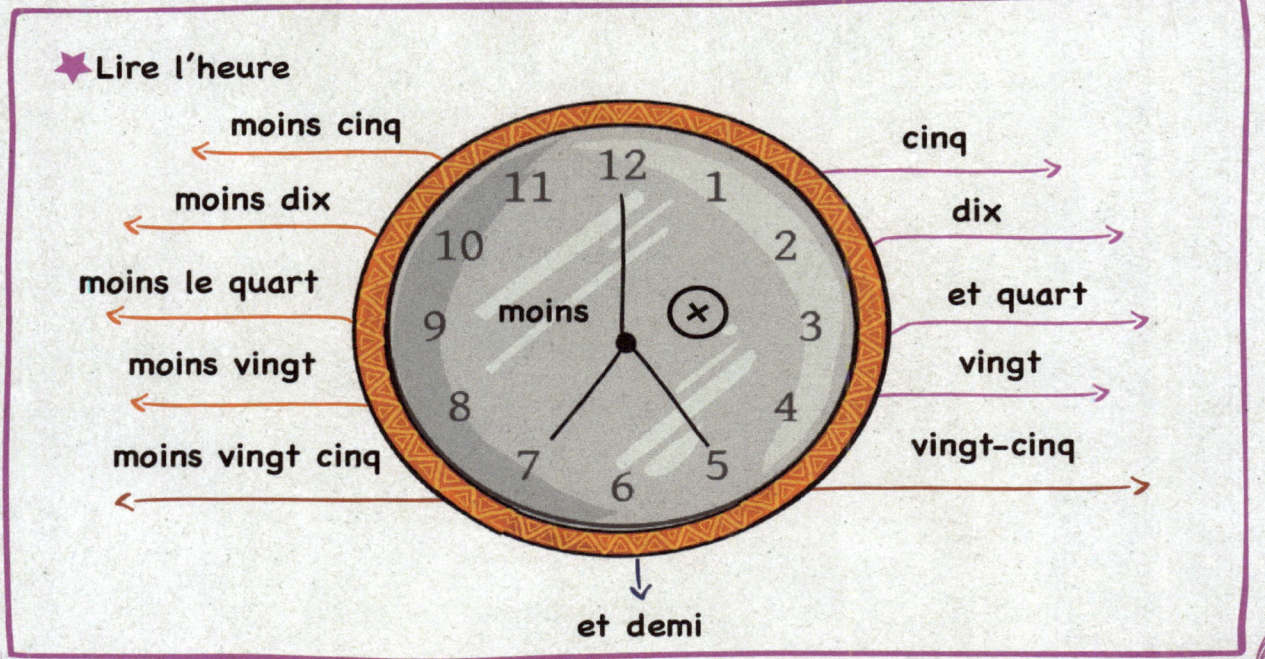

moins cinq — cinq
moins dix — dix
moins le quart — et quart
moins vingt — vingt
moins vingt cinq — vingt-cinq
et demi

Les couleurs et les formes

ligne en spirale — ligne verticale — ligne horizontale — ligne ondulée — ligne courbe

- abricot
- beige
- doré
- jaune
- citron vert
- vert olive
- vert
- turquoise
- bleu
- violet
- rose
- rouge
- grenat
- orange
- marron
- gris
- blanc
- noir

رمان
ISBN 978-1-7354209-4-3

www.ingramcontent.com/pod-product-compliance
Lightning Source LLC
Chambersburg PA
CBHW042253100526
44587CB00003B/128